Karin Biala-Gauß

Cavalier King Charles Spaniel

Ein königlicher Kumpel

Inhalt

Impressum

Copyright © 2002 by
Cadmos Verlag GmbH, Lüneburg
Gestaltung und Satz: Ravenstein, Verden
Coverfotos: Ulrike Schanz, INfOHUND
Druck: Westermann Druck, Zwickau

Alle Rechte vorbehalten.
Abdrucke oder Speicherung in
elektronischen Medien nur nach
vorheriger schriftlicher Genehmigung
durch den Verlag.
Printed in Germany.

ISBN 3-86127-654-2

Dem Charme solch kleiner Spaniels erlag sogar Heinrich VIII. Foto: INFOHUND Eva-Maria Krämer

Ein kurzer Blick in die Geschichte

Bereits im 9. Jahrhundert finden sich Spuren eines spanielähnlichen Hundetyps in Britannien, der vermutlich von den Kelten eingeführt und dort hauptsächlich zur Jagd auf Niederwild eingesetzt wurde.

Die Vorläufer heutiger Zwergspaniels dürften Vertreter dieser Jagdspaniels gewesen sein, die für ihren eigentlichen Zweck zu klein, schwach oder ungeeignet waren. Zumeist machte man mit solchen „Versagern" kurzen Prozess, aber einige hatten das Glück, am Leben gelassen zu werden, um höher gestellten Damen und ihren Kindern als Spielgefährten zu dienen. Ab etwa

dem 14. Jahrhundert konnten sich die kleinen Spaniels jedoch nicht nur bis in die höchsten Kreise hinauf etablieren, sondern avancierten zum Prestigeobjekt und Statussymbol, das man besitzen musste, wollte man „dazugehören".

Daneben fanden sie auch durchaus nützliche Verwendung als Seelentröster, lebende Wärmflaschen in zugigen Kutschen und mittelalterlichen Betten, ja, man sagte ihnen sogar medizinische Heilkräfte nach und legte sie zur Linderung auf schmerzende Stellen.

Zu Lieblingen am Königshof wurden die Vorfahren unserer Cavaliere ganz unbestritten

Nach dem Schloss des Duke of Marlborough heißt der weiß-rote Cavalier „Blenheim". Foto: INFOHUND Eva-Maria Krämer

Nach einer anderen Quelle hat er kurz vor seinem letzten Gang dafür gesorgt, dass sein Hund in Sicherheit gebracht wurde. Von Charles II. wissen wir, dass er 1660 bei seiner Rückkehr aus dem Exil nach England einen kleinen Spaniel bei sich hatte, und er wurde danach so gut wie nie ohne seine Hunde gesehen. Auch bei Audienzen und Staatsratssitzungen waren stets einige seiner Hunde anwesend, und Berichterstatter dokumentierten und kritisierten das lächerliche Benehmen des Königs, der sich zeitweise mehr dem Spiel der Hunde als der Erledigung seiner Staatsangelegenheiten widmete. Da den Hunden in Begleitung des Königs keine Tür verschlossen bleiben durfte, hält sich bis heute das Gerücht, die „Charlies" hätten gesetzlichen Anspruch auf offene Türen.

Charles II. züchtete mit seinen Lieblingshunden auf Schloss Hampton Court und hatte weitere Hunde auf mehrere Pflegestätten in London ausgelagert. Das königliche Schlafgemach diente als Wohnstätte für Mutterhündinnen und Welpen, und der ganze Palast soll penetrant nach Hunden und ihren Exkrementen gerochen haben.

Welpen wurden vom König als Zeichen seiner Wertschätzung verschenkt und auch verkauft. Jedenfalls gab es im 17. Jahrhundert wohl kein Schloss in England, auf dem nicht Spaniels von King Charles lebten. Und so wurden sie von da an auch genannt: King Charles Spaniel. Der Nachfolger Charles' II., sein Bruder James II., führte die Spanieltradition fort. Von ihm wird berichtet, dass er, als er aufgrund eines Unwetters auf See sein Schiff aufgeben musste, geru-

unter den Dynastien der Tudors und Stuarts (15. bis 17. Jahrhundert). So ist überliefert, dass selbst Heinrich VIII., ein im Umgang ansonsten recht „rustikaler" Zeitgenosse, eine Schwäche für diese Hunde hatte. Er verdankte sie seiner kurzen Ehe mit Anna von Cleve, die sie mit an den Londoner Hof brachte: Hundehaltung war bei Hofe verboten, bis auf „einige kleine Spaniels für die Damen ..."

Vom König gezüchtet

Geradezu vernarrt in ihre „königlichen Begleiter" waren die Stuart-Könige Charles I. (1600 bis 1649) und Charles II. (1630–1685). Charles I. soll sogar auf dem Weg zur Hinrichtung von seinem Liebling „Rogue" begleitet worden sein.

fen haben soll: „Rettet die Hunde und den Duke of Monmouth!" (Man beachte die Reihenfolge!)

Noch ein Adeliger hatte wesentlichen Einfluss auf diese Hunderasse: Duke John Churchill of Marlborough (1650–1722). Er war Oberbefehlshaber der Armee und ging mit seinem Sieg in der Schlacht zu Blindheim an der Donau in die Geschichte ein (er soll damals seinen Lieblingshund bei sich gehabt haben). Zum Dank erhielt er dafür von der Regierung seinen Stammsitz Blenheim (englisch für Blindheim) geschenkt. Dort widmete er sich der Zucht kleiner Spaniels, insbesondere in der Farbe Weiß-Rot. Dieser Farbschlag wird bei Standardauflegung auch offiziell ihm zu Ehren als „Blenheim" bezeichnet.

Die Legende berichtet, dass während des Feldzuges an die Donau die Herzogin Sarah zu Hause in England voller Angst auf Nachricht von ihrem Mann wartete und in ihrer Nervosität bei einem Teekränzchen ihren Daumen auf die Stirn ihrer Hündin presste, die auf ihrem Schoß lag. Als diese Hündin kurz darauf ihre Welpen zur Welt brachte, hatten alle eine rote Markierung in der Größe eines Daumenabdruckes im Weiß auf dem Kopf ...

Bei einem Spaziergang wird gerne ein Ast als „Beute" mitgenommen. Foto: Ulrike Schanz

Eine neue Mode, ein „neuer" Hund

Bis Anfang des 18. Jahrhunderts wiesen die kleinen Hunde zwar äußerlich eindeutig Spanielmerkmale auf, doch hatten sich ihre Jagdinstinkte wesentlich reduziert. Und in dem Maße, wie diese durch Schoßhundeigenschaften ersetzt wurden, unterlagen sie auch den entsprechenden Modetrends.

Dass wir die Entwicklung ihres Erscheinungsbildes über die Jahrhunderte auch heute noch detailliert nachvollziehen können, verdanken wir den zahlreichen Gemälden von gekrönten Häuptern ihrer Zeit, die Wert darauf legten, sich zusammen mit ihren Statussymbolen für die Nachwelt festhalten zu lassen. Einerseits gibt uns dies Anhaltspunkte für den Stellenwert, den diese Tiere innehatten (durchaus mit der Gepflogenheit heutiger Prominenz zu vergleichen, die sich gerne mit Villa, Privatflugzeug oder Nobelkarosse ablichten lässt), andererseits dürfte dies unzweifelhaft auch zur gezielten Nachahmung und somit Stabilisierung gewisser Typen beigetragen haben. Denn es war sicherlich zu allen Zeiten erstrebenswert, einen Hund zu haben wie ...

Die weißen Flecken im Ruby-Fell machen diesen Cavalier für die Zucht zu einer „Fehlfarbe". Foto: Ulrike Schanz

Hinweis:

Eine andere Spielart des kleinen Spaniels ist die feingliedrige Zwergvariante, die am französischen und österreichischen Hof, hier insbesondere unter Maria Theresia, höchste Wertschätzung erfuhr. Dieser Typ führte zur Ausbildung unseres heutigen „Kontinentalen Zwergspaniels", zuerst in der hängeohrigen Variante Phalène und später durch weitere Zuchteinflüsse zum stehohrigen Papillon als anerkannte Rassen.

Kurznasige asiatische Rassen, die zu Zeiten Williams II. zahlreich nach England gelangten und so ganz dem Zeitgeist entsprachen, wurden mit „Charlies" gekreuzt. Das führte zu einer Typveränderung, zu kurzen, flachen Vorgesichtern, rundem Oberkopf und sehr großen, prominenten Augen. Dieser Typ ist bis heute als „King Charles Spaniel" erhalten und wird als anerkannte Rasse gezüchtet. Auch der erste aufgelegte Standard von 1886 beschreibt eine aufgebogene, kurze Nase, gewölbten Oberkopf, sehr geringe Größe und ein Gewicht von nur etwa fünf Kilogramm. Neben unseren heute anerkannten vier Farbschlägen gab es noch eine Schwarz-weiß-Variante.

Der Retter kam aus den USA

Erst ab 1926 besann man sich wieder auf den ursprünglichen Spanieltyp. Anlass dazu gab der Amerikaner Roswell Eldridge, der eigens zur Cruft's (traditionsreichste Hundeausstellung in England) gekommen war, um einen King Charles zu erwerben, wie er auf den alten Gemälden abgebildet war. Seine Enttäuschung war groß, als er feststellen musste, dass es diesen Typ nicht mehr gab. Und so setzte er über fünf Jahre eine jährliche Belohnung von der damals ungeheuren Summe von 25 Pfund aus für den besten Hund des alten Schlages.

Der Gewinner des Preises 1928, 1929 und 1930 war ein kleiner Blenheim-Rüde namens „Ann's Son". Er galt für viele Jahre als das Idealbild der Rasse, blieb als Ausstellungshund ungeschlagen und diente dann auch als Vorbild für den bereits 1929 abgefassten Rassestandard: Der „Old-type-King-Charles Spaniel" erhielt die offizielle Rassebezeichnung „Cavalier-King-Charles Spaniel". Anerkannte Farbschläge waren rot-weiß (blenheim), schwarz-loh (black & tan), schwarz-loh mit weiß (tricolour) und einfarbig rot (ruby).

Ein Cavalier muss sein, zwei sind doppelte Freude, sagen ihre Fans. Foto: Ulrike Schanz

Von Berlin bis Boston

Maßgeblichen Anteil am Neuaufbau der Rasse hatte Hewitt Pitt, die auch Präsidentin des 1928 gegründeten englischen Cavalier King Charles Spaniel Clubs war und über 50 Jahre bis zu ihrem Tode an der Entwicklung und Verbreitung der Rasse mitwirkte. Volle Anerkennung durch den englischen Kennel Club erreichten die Cavaliere aber erst 1945. England leistet heute mit jährlich über 10.000 eingetragenen Welpen weltweit den größten Beitrag zur Erhaltung der Rasse.

Zuchttiere aus Mrs. Pitts „Ttiweh"-Zwinger fanden schnell den Weg nach Holland und von dort nach Deutschland. Erster registrierter Cavalier in Deutschland nach dem Zweiten Weltkrieg war eine Blenheim-Hündin namens „Fanfare for Minette", aus dem holländischen „Fanfare"-Zwinger der Gräfin van den Boom. Bereits im Jahr darauf erfolgten fünf weitere Fanfare-Importe und es wurden drei Würfe eingetragen. Die bedeutendsten deutschen Gründungszwinger waren Frau Bernhards „... vom Trollhof" und Gräfin Luise zu Erbach-Fürstenaus „... zu den Achtbuchen".

In der DDR tauchte die Rasse erstmals 1970 auf, der erste Wurf fiel am 20. 12. 1972. Der Rasseaufbau erfolgte mit Hunden aus Westdeutschland und Österreich, 1976 kam noch ein Rüde aus Schweden dazu. Auch hier gewann die Rasse rasch an Beliebtheit, sodass bis zum Jahr 1990 ein Gesamtzuchtumfang von etwas über 7.000 eingetragenen Cavalieren vorhanden war.

In Gesamtdeutschland werden derzeit jährlich etwa 1.000 Welpen innerhalb des VDH (Verband für das Deutsche Hundewesen) registriert.

Innerhalb Europas sind Cavaliere in den folgenden Ländern flächendeckend und gängig vertreten: Holland, Frankreich, Schweiz, Österreich, Tschechien und in allen skandinavischen Ländern.

Amerika entdeckt ihn gerade

Nach Amerika gelangten die ersten Cavaliere 1952, eine Clubgründung fand dann 1956 statt. Eine offizielle Anerkennung durch den amerikanischen Kennel Club (AKC) als eigenständige Rasse wurde jedoch erst im Januar 1996 erreicht, da die Regelungen Mindestzahlen an Zuchttieren, Welpeneintragungen und Ausstellungsteilnahmen vorschreiben. Da konnte selbst „Millie", die Blenheim-Hündin des amerikanischen Präsidenten Reagan, keine Sonderbehandlung bewirken.

Seit AKC-Registrierung hat sich die Anzahl der eingetragenen Welpen vervielfacht und belief sich für das Jahr 2001 immerhin schon auf über 3.600. Ein beachtlicher Aufstieg, wenn man bedenkt, dass die Rasse damit innerhalb dieses kurzen Zeitraumes bei 140 anerkannten Rassen an die 44. Stelle gelangte.

Eine stabile Transportbox gibt auch kleinen Hunden im Auto die größte Sicherheit. Foto: Ulrike Schanz

*Welpen haben ein unwiderstehliches „Puppen"-Gesicht.
Foto: INFOHUND Eva-Maria Krämer*

*Ein erwachsener Tricolour kann auch mal „grimmig"
schauen. Foto: Ulrike Schanz*

Das äußere Erscheinungsbild

Der Rassestandard (festgelegtes Idealbild einer Rasse) beschreibt den Cavalier King Charles Spaniel als aktiven, anmutigen, liebevollen, fröhlichen, furchtlosen und verträglichen Kleinhund mit ausgewogenen Proportionen im Rahmen eines Gewichtes zwischen 5,4 und acht Kilogramm.

Kopf und Ausdruck sind von großer Bedeutung. Gewünscht wird ein fast flacher Oberkopf mit hoch angesetzten Hängeohren. Die Augen sind groß, dunkel und rund mit sanftem Blick, niemals glupschäugig. Der Fang wird mit etwa

Perfekt gezeichnet ist dieser Black-and-Tan-Cavalier.
Foto: INFOHUND Eva-Maria Krämer

3,8 Zentimeter angegeben, er soll nicht kürzer, aber im Verhältnis auch nicht zu lang sein und niemals schmal oder spitz. Rückenlinie gerade, Vorder- und Hinterläufe ebenfalls gerade und jeweils parallel zueinander gestellt bei mittelmäßiger Knochenstärke. Hinterhand gut gewinkelt, Ellbogen dicht am Körper anliegend, Brustkorb mit gut gewölbten Rippen. Rutenhaltung niemals deutlich über der Rückenlinie. Das Gangwerk zeigt einen freien, eleganten Bewegungsablauf mit viel Schub aus der Hinterhand. Vorder- und Hinterläufe bewegen sich parallel.

Die Farben des Cavaliers

Seine vier Farbschläge sind: **Ruby** (leuchtendes Mahagonirot ohne weiße Flecken), **Black and Tan** (tiefschwarz mit lohfarbenen Abzeichen über den Augen, auf den Wangen, innerhalb der Ohren, auf der Brust, an den Läufen und unterhalb der Rute. Weiße Flecken sind nicht erlaubt), **Tricolour** (perlweiß mit schwarzen Platten und lohfarbenen Abzeichen über den Augen, an den Wangen, den Innenseiten der Ohren und Beine sowie unterhalb des Rutenansatzes) und **Blenheim** (kastanienbraune Platten auf perlweißem Grund).

Bei Blenheim und Tricolour sei noch angemerkt, dass die Farbverteilung rot/weiß beziehungsweise schwarz/weiß im Idealfall in etwa

gleichem Verhältnis besteht, wobei die weißen Flächen wünschenswerterweise frei von Sprenkeln sein sollen und die beiden Gesichtshälften möglichst symmetrisch gezeichnet. Blenheims zeigen im Idealfall ein rotes Abzeichen, genannt „Spot", auf der Kopfmitte.

Der Standard schreibt eine tiefschwarze Nase vor. Bei Ruby und Blenheim kommt jedoch bisweilen eine Wechselnase vor, das heißt, ihre schwarze Nase kann im Winter bei wenig Sonne, bei Hündinnen vor der Läufigkeit oder bei extrem hohem Stress innerhalb von Tagen oder Wochen deutlich heller werden. Solch eine Wechselnase ist immer ein Anzeichen dafür, dass das Pigment nicht stabil ist. Und da diese Veranlagung rezessiv vererbt wird, sollte mit so einem Hund nicht gezüchtet werden.

Das Haarkleid des Cavaliers soll lang, seidig und ohne Locken sein. Leichte Wellen sind gestattet. Ohren, Rückseite der Vorderläufe und Hinterschenkel und die Rute weisen üppig lange Befederungen auf.

Bis ins zweite Lebensjahr ist das Fell kürzer. Erst dann wächst die üppig lange Befederung. Foto: Ulrike Schanz

Auf dem Weg zurück

Obwohl die Standardvorgaben ziemlich klar und eigentlich nicht sehr interpretationsanfällig sind, unterlag der Cavalier in den letzten 20 Jahren dennoch deutlichen Typänderungen. Bis zu Beginn der 80er-Jahre kannten wir ihn als kleinen, eleganten Spaniel mit entsprechendem Kopf, harmonisch zu seinem Erscheinungsbild. Dann wandelte sich das Bild plötzlich in der Form, dass die Köpfe zunehmend massiger und fleischiger, die Lefzen schwerer und hängend wurden, entsprechend nahm dann auch kontinuierlich die Gesamtgröße zu. Da die Hunde auf Ausstellungen nicht gewogen werden, war man in den 90er-Jahren auf einmal bei einem Gewicht von acht bis 14 Kilogramm bei der Mehrheit der Cavaliere angelangt. Die Eleganz war dahin, zudem hatten sich auch die Gangwerke deutlich verschlechtert. In den letzten Jahren hat zwar wieder eine Kehrtwendung eingesetzt, aber es wird einige Zeit dauern, bis die alte Harmonie und Einheitlichkeit im Gesamtbestand wiederhergestellt sein wird. Die Zuchtverbände arbeiten daran (zumindest die, die es ernst mit der Rasse meinen).

Cavaliere himmeln ihren Menschen an – und finden alle anderen nett. Foto: Ulrike Schanz

Charakter- und Wesensmerkmale

Die im Standard vorgegebenen Charaktereigenschaften sind bei vielen Rassen die beschriebene Wunschvorstellung des Idealbildes, doch bei den Cavalieren sind sie eine innerhalb der Rasse weitestgehend umgesetzte und stabilisierte Realität!

Einfach nur lieb

Der Cavalier zeigt sich als idealer Familienhund und eignet sich vorzüglich auch für die Haltung in Etagenwohnungen (ausreichende Bewegung im Freien vorausgesetzt). Er ist zwar sehr auf seine Besitzer fixiert, hat aber für jeden ein freundliches Schwanzwedeln, der es nett mit ihm meint. Insgesamt ist er eher extrovertiert, teilt Freud, Leid und Spieltrieb mit jedem, der sich anbietet, da legt er sich keine große Zurückhaltung auf. In der Vorstellungswelt eines Cavaliers gibt es offensichtlich nichts Böses, da müsste er schon drastische Negativerfahrungen machen, die ihn vom Gegenteil überzeugen. Schutzinstinkte sind zwar rudimentär angelegt, er zeigt ungewöhnliche Ereignisse durch Bellen an, aber schon eine kleine Geste reicht aus, um ihn in harmlosen Situationen zur

Auch ohne Leine bleibt ein Cavalier fast immer in der Nähe seines Menschen. Foto: Ulrike Schanz

Ruhe zu bringen. Meist wird der Fremde dann sogar fast übergangslos freundlich begrüßt. Ein Cavalier als Einzelhund ist in der Regel kein Kläffer. Bei Rudelhaltung kann dies jedoch schnell anders aussehen. Einer hat immer noch etwas dazu zu sagen, und dann können sie sich gegenseitig lautstark hochschaukeln.

Ausgefallene geistige Höhenflüge sind beim Cavalier nicht zu erwarten, das gibt dem Besitzer das bequeme Gefühl der Sicherheit vor unangenehmen Überraschungen. Die Regeln des Zusammenlebens mit dem Menschen und die Veranlagung, sich komplikationslos in die verschiedensten häuslichen Gegebenheiten einzufügen, sind ihm über mehrere hundert

Jahre Begleithundedasein schon praktisch in „die Gene übergegangen", sodass auch der unerfahrene Ersthundebesitzer mit einer Cavalierhaltung nicht überfordert sein wird. Cavaliere, denen man die Rangordnung durch demonstrative Machtbezeigungen klar machen muss, gibt es so gut wie nicht. Dominanzgelüste sind ihm fremd, auch gegenüber Kindern.

Der Cavalier ist äußerst anpassungsfähig. Egal, ob als Einzelhund in einem Einpersonenhaushalt oder als Rudelmitglied in einer Großfamilie, er wird sich mit allem bestens arrangieren und das Temperament des Besitzers zu seinem eigenen machen, nach dem Motto: Am Cavalier erkennst du sein Umfeld.

machen, verhindert, dass sich Verbotenes bewusst wiederholt. Allerdings erkennt er die Schwachstellen der einzelnen Familienmitglieder ganz genau und er wird von Fall zu Fall auch versuchen, solche zu seinem Vorteil zu nutzen. Jedoch nicht mit Berechnung oder gar Hinterlist, sondern mit charmanter Offenheit, notfalls mit treuherzig-hartnäckiger Sanftmut.

Im Gegensatz zu einigen anderen Kleinhunderassen ist er nicht ausgeprägt eifersüchtig. Er wird zwar in kritischen Situationen bemüht sein, sich optisch und körperlich in den Vordergrund zu drängeln und die Aufmerksamkeit dadurch auf sich zu lenken, aber er würde niemals daran denken, das Objekt seiner Eifersucht niederzuhalten oder gar direkt anzugehen. Das macht es einfach, ihn mit Haustieren aller Art gemeinsam zu halten.

Wenn er nicht erst in hohem Alter damit konfrontiert wird, liebt der Cavalier Kinder über alles. Er ist ihnen ein unermüdlicher und geduldiger Spielkamerad. Auch wenn es einmal etwas herzhafter zur Sache geht, ist er nicht nachtragend. Wird es ihm zu viel, zieht er sich

Kindern ist der Cavalier Spielkumpel und Schmusefreund. Foto: Ulrike Schanz

Er lernt schnell, weil er seinem Menschen unbedingt gefallen will. Foto: Ulrike Schanz

Ein erhobener Zeigefinger reicht

Erziehung kann sich darauf beschränken, ihm deutlich zu verstehen zu geben, welches Verhalten erwünscht oder unerwünscht ist. Sein natürlicher Drang, es seinen Besitzern recht zu

Eichhörnchen und Vögel auf die Bäume jagen – dem können manche Cavaliere nicht widerstehen. Foto: Aurahs

zurück. Seine geringe Größe und sein sanftes Temperament lassen es zu, dass er auch einmal selbstständig von Kindern an der Leine ausgeführt werden kann, ein gewisses Mindestalter und Verantwortungsbewusstsein des Kindes vorausgesetzt.

Immer noch ein bisschen Jagdhund

Wann immer es möglich ist, wird der Cavalier die direkte Nähe seines Besitzers suchen, aber nur selten empfindet man ihn dabei als aufdringlich. Er weiß die Situationen einzuschätzen, in denen er stört, und zieht sich dann möglichst auf Sichtweite an einen bequemen Platz zurück. Diese

Eigenschaft erlaubt es auch, dass man seinen gut erzogenen Cavalier auf freiem Gelände bedenkenlos von der Leine lassen kann. Allzu weit wird er sich nicht entfernen, zumindest wird er in kurzen Abständen Sichtkontakt suchen. Aber es gibt unter den Cavalieren auch immer wieder Vertreter, in denen zwischendurch längst verloren geglaubte Jagderinnerungen aufblitzen. Bei diesen ist dann nicht gänzlich auszuschließen, dass sie sich reflexartig in Verfolgung eines aufgeschreckten Kleinwildes im wahrsten Sinne des Wortes „über den Acker machen". Meist lassen sie sich zwar schnell wieder abrufen oder sie geben ihr Vorhaben nach kurzer Strecke von selbst wieder auf, aber diese Situationen sind natürlich nicht wirklich dazu geeignet, den Blutdruck des Besitzers niedrig zu halten.

Bei schlechtem Wetter empfiehlt es sich, ein Badetuch an der Wohnungstür zum Abrubbeln griffbereit zu haben. Foto: Ulrike Schanz

Apropos Acker, vielleicht sollte ich noch erwähnen, dass Cavaliere alles andere als zimperlich sind und nicht auf ein makelloses Äußeres achten. Es soll sogar Exemplare geben, die in Retrievermanier direkt darauf versessen sind, keine Pfütze ungenutzt hinter sich zu lassen. Aber auch für den Normalcavalier ist es die natürlichste Sache der Welt, stets die kürzeste Verbindung von A nach B zu wählen, ohne Rücksicht darauf, was dazwischen liegt.

Geruchsverstärker in Form von Kuhfladen oder toten Regenwürmern finden auch in Cavalierkreisen durchaus Anhänger, die diese besondere Note zu schätzen wissen. Der realistische Cavalierbesitzer wird daher nie ernsthaft davon ausgehen, dass sein Liebling sich an Schlechtwettertagen bei der Heimkehr im gleichen Zustand befindet wie beim Verlassen des Hauses.

Beim täglichen Bürsten kann man den Hund gleich auf kleine Gesundheitsprobleme „durchsehen". Foto: Ulrike Schanz

Zu wem passt der Cavalier?

Im Grunde genommen passt dieser Hund zu jedem. Charakterlich und mit Blick auf die Erziehung ist er ganz problemlos. Seine Pflegeansprüche halten sich ebenfalls im untersten Aufwandsbereich. Wird er täglich gebürstet (am besten mit einem Drahtstriegel), bedarf es nur weniger Minuten, um ihn immer gepflegt aussehen zu lassen. So verhindert man auch Knötchen- und Filzbildung in dem teilweise sehr feinen Haar der Ohr-, Hosen- und Rutenbehaarung.

Selbst bei übelster Verschmutzung reicht aufgrund der glatten Haarstruktur meist ein kleines Duschbad mit klarem Wasser, und der Hund sieht im Handumdrehen wieder aus wie neu.

Bei überpeniblen Hausfrauen könnte er sich vielleicht dadurch etwas unbeliebt machen, dass er doch überdurchschnittlich haart. Es wird zwar jahreszeitlich bedingt mal mehr, mal weniger sein, aber auch die besten Pflegebemühungen werden nichts daran ändern können, dass bei Cavalierhaltung Hundehaare Schicksal sind.

Ein starker Staubsauger beziehungsweise eine spezielle Tierhaar-Teppichdüse als Zusatz zum Normalstaubsauger löst jedoch dieses Problem.

Cavaliere wollen rennen und toben wie jeder andere Hund auch. Foto: Ulrike Schanz

Ihren Liebling zu einem kleinen Ereignis mit Laufen oder Stöckchen werfen; nur an der Leine um den Block zu gehen ist nicht ausreichend. Ein gesunder Cavalier hält mühelos Zweistundenmärsche durch, mindestens dreimal in der Woche sollten Sie ihm dies bieten. Dazwischen genügen kürzere Runden. Tun Sie sich am besten mit anderen Hundehaltern zusammen, sodass Ihr Tier Gelegenheit hat, mit Artgenossen zu spielen und zu toben. Wer Hunde fröhlich miteinander herumtollen sieht, dem wird schnell klar, dass der Mensch bei aller Anstrengung dabei nicht mithalten kann.

Im richtigen Leben ist es stets der Hund, der sich Ihren Wünschen und Lebensvorstellungen unterordnet, er hat es sich verdient, dass Sie ihm zwischendurch seine arteigenen Vergnügungen zukommen lassen.

Er kennt kein schlechtes Wetter

Der Cavalierbesitzer sollte gerne spazieren gehen, und das bei jedem Wetter! Der Cavalier ist aktiv und sportlich, und Bewegung im Freien ist für jeden Hund, ob groß oder klein, Voraussetzung für eine artgerechte Haltung. Der Hund lebt in einer anderen Wahrnehmungswelt als der Mensch. Während wir uns überwiegend mit den Augen orientieren, besteht die Welt des Hundes vorwiegend aus Gerüchen. Da braucht es Abwechslung in jeder Beziehung, denn das hält Ihren Cavalier nicht nur körperlich fit, sondern bietet ihm auch Gelegenheit, „geistig" auf Trab zu bleiben. Machen Sie Spaziergänge für

Vordere Plätze bei Agility

Wer es ganz besonders gut mit seinem Cavalier meint, der nimmt ihn mit auf den Hundeplatz. Natürlich nicht gerade zur Schutzhundeausbildung, dafür ist der Cavalier denkbar ungeeignet, aber in den letzten Jahren bieten Hundeschulen und Vereine für alle Hunde Spezialprogramme an, die auch für unsere Kleinhunde sehr gut geeignet sind. Es beginnt mit Welpenspielstunden, bei denen die Kleinen sich im Kontakt mit Artgenossen üben und ihre Körpersprache lernen und perfektionieren, sodass es später bei der Begegnung mit anderen Hunden keine Probleme gibt. Danach geht man dann spielerisch in Grunderziehungskurse über, und wenn Sie Spaß daran haben und Ihr Cavalier die notwendigen Voraussetzungen aufweist, kann man

Bällen oder Stöckchen hinterher jagen ist eines der Lieblingsspiele. Foto: Ulrike Schanz

eine Begleithundeprüfung absolvieren. Daneben gibt es noch Agility- und Fun-Programme (Flyball, Dog Dancing), für die der Cavalier ebenfalls durchweg geeignet ist. Dies zeigen Berichte aus Frankreich, England und vor allem Amerika, wo diese Aktivitäten inzwischen regen Zuspruch finden und weit verbreitet sind. Auch Cavaliere belegen da durchaus vordere Plätze.

Es spielt letztendlich aber überhaupt keine Rolle, ob Ihr Liebling sich dabei als das größte Talent hervortut. Viel wichtiger ist, dass solche gemeinsame Aktionen mit dem Hund einen unendlich wertvollen Beitrag zu einer gesunden Hund-Mensch-Beziehung leisten. Und einen Riesenspaß macht das Ganze auch noch.

Im Sommer gibt es noch eine Steigerung vom Stöckchenspiel: Stöckchen im Wasser! Fotos: Aurahs

Er frisst, und frisst, und frisst ...

Sein Körbchen möchte ein Cavalier am liebsten direkt neben seinem Menschen haben. Foto: Ulrike Schanz

Ein perfekter Partner

Abschließend möchte ich noch einen Personenkreis berücksichtigen, an den sonst nicht immer in erster Linie gedacht wird, wenn es um Hundehaltung geht. Es sind körperlich behinderte Menschen, für die sich der Cavalier bestens als Partner eignet. Seine Größe ist gerade richtig, denn er ist nicht zu groß und nicht zu klein. Und seine Charaktereigenschaften sind ideal, es muss nur dafür gesorgt werden, dass der Hund seine Spaziergänge bekommt. Wenn der Besitzer dazu selbst nicht in der Lage ist, muss gewährleistet sein, dass eine andere Person dies übernimmt.

Bei all den bisherigen Lobgesängen auf die Rasse wird inzwischen vielleicht die Frage im Raum stehen, ob es denn nun wirklich nichts Nachteiliges über den Cavalier zu berichten gibt oder ob hier womöglich selektiv nur die positiven Eigenschaften beschrieben werden. Keine Sorge. Der Cavalier ist auch nur „menschlich", hat somit durchaus seine „kleinen Abgründe", und diese sollen auch offen zur Sprache kommen.

Am auffälligsten ist hier sein Fressverhalten. Wie bei allen Rassen trifft dies natürlich nicht auf jeden einzelnen Vertreter persönlich zu, aber man kann bei solchen Beschreibungen ja auch immer nur die Gesamttendenz als Norm heranziehen. Und so scheint es, als sei bei der Entwicklung dieser Rasse irgendwo das Gen abhanden gekommen, das dem Gehirn vermeldet, wann Sättigung erreicht ist. Mit anderen Worten: In der Regel frisst ein Cavalier so lange, wie etwas Fressbares für ihn erreichbar ist. Das Signal, das einen Cavalier mit dem Fressen aufhören lässt, ist die Erkenntnis, dass die Schüssel leer ist und eine zweite nicht zur Verfügung steht! Ich selbst halte eine Rasse, die bevorzugt mit Messer und Gabel speisen würde, selbstverständlich „Nouvelle Cuisine", und so bin ich immer wieder sprachlos, wenn ich die Gelegenheit habe, einem Cavalier beim Fressen zuzuschauen: Eintauchen der Schnute in den vollen Napf, und dann wird mit der Mentalität eines lautlosen Staubsaugers das Futter in einem Schwung bis auf den letzten Krümel inhaliert.

Der Napf wird blitzschnell leer gefressen ...
... und sofort folgt ein fragender Blick, ob es vielleicht noch mehr gibt. Fotos: Ulrike Schanz

Einteilen, strecken oder Diät

Die Folgen liegen auf der Hand: Wenn der Besitzer hier nicht ständig gewissenhaft rationiert, mutiert unser königlicher Begleiter über kurz oder lang zu einem unförmigen Klops. Für Hunde ist dies genauso ungesund wie für den Menschen.

Es ist natürlich nicht immer leicht, dem flehenden Betteln nach Nachschub zu widerstehen, und so kann man versuchen, das angebotene Futter mit Beigaben zu „strecken", die der Hundedarm nicht aufschließen und verwerten kann. Hauptsächlich sind dies rohe, geraspelte Karotten, gekochte Kartoffeln und grobe Haferflocken (nicht aus der Hundefutterabteilung, die sind vorbehandelt und somit voll verdaulich!). Da der Cavalier in Futterangelegenheiten nicht wirklich wählerisch ist, muss man wenig Sorge haben, dass die Annahme verweigert wird.

Sollte Ihr Cavalier zu den Unglücklichen gehören, die bereits zu dick sind, hilft dieses Rezept, um ihn wieder in vorzeigbare Form zu bringen, unterstützt wird eine solche Aktion noch mit dem Anbieten von so genannten Light-Produkten, wie sie mittlerweile in fast jeder Hundefutterserie angeboten werden, und viel Bewegung. Hungertage, wie sie leider noch immer empfohlen werden, sind wenig hilfreich. Zum einen wird danach umso gieriger aufgeholt, zum anderen würde der gänzlich leere Magen seinen Besitzer unweigerlich auf Diebestour schicken, was fatale Folgen haben könnte.

Zelebrieren Sie das Füttern von Anfang an als festes Ritual: möglichst gleiche Uhrzeit nach gleicher Tätigkeit (zum Beispiel großer Spaziergang). Reichen Sie außerhalb niemals etwas zusätzlich außer einem Belohnungs-

Leckerchen sind Kalorien, sie müssen deshalb in die Tagesration eingerechnet werden. Foto: Ulrike Schanz

häppchen. Im Idealfall muss es für Ihren Cavalier unvorstellbar sein, außerhalb dieses festgesetzten Rahmens etwas zu bekommen, dann müssen Sie auch nicht befürchten, dass er Sie anbettelt.

Vorsicht: Er „sammelt" beim Spaziergang

Speziell in Anbetracht seiner Verfressenheit ist es ratsam, mit einem Cavalier von klein an zu trainieren, dass er zum Beispiel auf den Befehl „Gib!" alles auslässt, was er im Fang hat. Das ist an und für sich nicht schwierig, man übt anfangs mit einem Spielzeug, und der Hund erhält stets einen Belohnungshappen, wenn er wie ge-

wünscht reagiert. Dieser Tausch gefällt einem Cavalier, und wenn er erst einmal das Kommando kennt, lässt sich das problemlos ausweiten. Wichtig ist nur, dass er auf Spaziergängen nicht alles aufnimmt, was ihm fressbar erscheint. Natürlich sollten Sie dafür kleine Tauschhäppchen in der Jackentasche bereithalten.

Es scheint Linien zu geben, bei denen der Hang zu ungebremstem Fressen erst nach der Pubertät einsetzt, zumindest ist auffällig, dass die auf Ausstellungen in der Jugendklasse vorgezeigten Hunde (neun bis 18 Monate) häufig schmal und substanzlos sind. Die „verzweifelten" Besitzer erkundigen sich dann, was man dagegen unternehmen könne, der Hund würde einfach nicht fressen. Die Antwort ist: Nichts! Sollten Sie tatsächlich das Glück haben, einen Cavalier zu besitzen, der weiß, wann er satt ist, dann freuen Sie sich darüber. Ansonsten sollten Sie nichts dazu beitragen, ihn zusätzlich zum Fresser zu erziehen, denn dick wird ein Cavalier meist von alleine.

Kauknochen aus Büffelhaut haben kaum Kalorien und sind eine gute Beschäftigung. Foto: Ulrike Schanz

Bitte die Ohren nicht nur kämmen, damit die feinen Haare nicht verknoten ...
... sondern auch hineinschauen, ob etwas drin ist, was nicht reingehört. Fotos: Ulrike Schanz

Ein Wort zur Gesundheit

Wie bei allen Kleinhunderassen treten auch beim Cavalier Patella-Luxationen auf. Dies ist eine erbliche Veranlagung, bei der die Kniescheiben nicht ihrer vorgesehen Führungsrille verbleiben, sondern zeitweise seitlich herausgleiten können beziehungsweise immer seitlich ausgelagert verbleiben. Die Häufigkeit liegt bei etwa fünf Prozent und speziell der Cavalier scheint ganz gut damit zurechtzukommen (das mag vielleicht an seiner harmonischen Gesamtkonstruktion und seiner guten Bemuskelung lie-

gen), denn es sind kaum Fälle bekannt, bei denen operativ korrigiert werden musste.

Diabetes ist des Öfteren bei der Rasse vorgekommen. Eine erbliche Disposition ist nahe liegend, aber Umwelteinflüsse dürften für eine Erkrankung maßgeblich begünstigend beziehungsweise verhindernd beteiligt sein. Das heißt im Klartext: vernünftige Ernährung, Vermeidung von Übergewicht und ausreichend Bewegung.

Bitte in die Ohren schauen

Die Ohren bedürfen eigentlich ständiger Kontrollen. Die Voraussetzungen, die Ohrmilben benötigen, um sich wohl zu fühlen und entsprechend zu vermehren, scheinen im Cavalierohr

*Ein Cavalier hat beste Chancen, 15 Jahre alt zu werden –
und zwar fit. Foto: Ulrike Schanz*

bestens gegeben zu sein. Oft bringen Welpen dieses Übel schon vom Züchter mit – leider! Anzeichen sind dunkel oder rötlich braun verfärbtes Ohrschmalz und übler Ohrgeruch. Bei Befall auf keinen Fall mit Wattestäbchen im Ohr herumstochern, das kann das Problem mächtig verschlimmern, sondern zum Tierarzt gehen, der fachmännische Anweisungen erteilt.

Eine Herzschwäche macht Probleme

Und nun wollen wir zum schwärzesten Kapitel der Rasse kommen, es ist dies ein Herzproblem, wie es seit einigen Jahren bei den Cavalieren bekannt geworden ist. Es handelt sich hierbei um eine Mitral- und Trikuspidalklappen-Endokardiose (das Wort muss sein), und ich möchte versuchen, es mit einfachen Worten zu erklären:

Es ist eine degenerative Veränderung der Herzklappen, und zwar dergestalt, dass sich die häutchenartigen Klappensegel allmählich und fortschreitend verdicken. Die Herzklappen verändern dadurch ihre Form (sie werden praktisch zusammengezogen, also kleiner) und in der Folge schließen sie nicht mehr dicht, somit können sie ihre eigentliche Funktion als „Rückschlagventil" nicht mehr voll erfüllen. Daraus resultiert eine Überlastung des Herzens und in der Folge Herzschwäche. Die Veranlagung dazu ist angeboren und es ist davon auszugehen, dass ein genetischer Defekt zugrunde liegt. Da es sich um eine Bindegewebserkrankung handelt, ist ein Zusammenhang mit den in der Rasse weit verbreitet auftretenden Nabelbrüchen (ebenfalls eine Bindegewebsschwäche) denkbar.

Derzeit läuft ein Forschungsprogramm mit Tierärzten und Genetikern der Tierärztlichen Hochschule Hannover in Zusammenarbeit mit den drei Zuchtverbänden, die die Cavaliere innerhalb des Verbandes für das Deutsche Hundewesen (VDH) vertreten. Dieses Projekt soll Klarheit darüber bringen, ob und welche Linien (oder einzelne Zuchttiere) diese Veranlagung vererben. Gleichzeitig sollen statistische Erhebungen über den Verlauf wissenschaftlich bearbeitet und Früherkennungsmöglichkeiten geprüft werden.

Innerhalb der den Cavalier betreuenden Zuchtverbände des VDH werden bereits seit 1993 Maßnahmen zur züchterischen Bekämpfung ergriffen. Sie sehen so aus, dass für Zuchtrüden mindestens einmal jährlich ein Attest beigebracht werden muss, in dem das Tier als herzgesund einstuft ist. Für Hündinnen wird dasselbe Attest spätestens vor der Deckung gefordert.

Entwarnung vom Forschungsprogramm „gesunder Hund"

Die Erfahrungen aus diesem Zuchtprogramm zusammen mit Informationen und freiwilligen Untersuchungsergebnissen, die wir von privaten Cavalierhaltern erhalten haben, zeigen in der Tendenz folgenden Verlauf auf:

Durchschnittlich treten erste Auffälligkeiten im mittleren Alter auf (drei bis sechs Jahre). Um die Häufigkeit abzuschätzen, können wir repräsentativ nur die Gruppe der Zuchttiere zur Schätzung heranziehen, sie dürfte vorsichtig ge-

schätzt vielleicht bei 20 Prozent liegen. Erkrankte Tiere haben bei medikamentöser Behandlung beste Aussichten, noch jahrelang ein erfülltes und beschwerdefreies oder wenigstens beschwerdearmes Leben zu führen. Wir wollen damit das Problem nicht bagatellisieren, aber es gibt mit Sicherheit Rassen, die wesentlich kurzlebiger und krankheitsbelasteter sind als der Cavalier. Dramatische Krankheitsverläufe mit dem Verlust von zwei- bis vierjährigen Cavalieren kommen vor, das wollen wir nicht leugnen (und mit Sicherheit sind sie eine Katastrophe für den betroffenen Hundebesitzer). Aber sie sind so selten, dass wir sie in Anbetracht der Verbreitung der Rasse als Einzelschicksale bewerten können. Insgesamt hat der Cavalier (trotz Endokardiose) eine durchschnittliche Lebenserwartung von zehn bis zwölf Jahren.

Was kann man tun, um einen möglichst gesunden Cavalier zu bekommen?

Die Frage ist schnell beantwortet: Sie kaufen ihn bei einem anerkannten Züchter, und im Fall der Rasse Cavalier darf man hier getrost spezifizieren: bei einem VDH-Züchter. Denn es gibt nach meinen Informationen deutschlandweit keinen anderen Zuchtverband, der konsequent (oder überhaupt) gesundheitliche Zuchtselektionsprogramme, insbesondere in Bezug auf die Herzerkrankung, durchführt. Sicherlich können auch diese Vereine keine Garantie für jeden einzelnen Welpen geben. Aber drei Generationen Cavaliere mit durchselektierten Zuchttieren bedeuten rechnerisch eine spürbare Wahrscheinlichkeit für einen zumindest wesentlich gesünderen Cavalier!

*Auch die Fototasche ist eine kleine Entdeckung.
Foto: Ulrike Schanz*

Ein Cavalierleben

Der verantwortungsbewusste Züchter gibt seinen Welpen nicht vor einem Alter von etwa zehn Wochen ab. Selbstverständlich hat er dann auch schon die notwendigen Impfungen. Der Welpe befindet sich noch in der so genannten Prägungsphase, wo er Unmengen von Eindrücken und Erfahrungen ausgesetzt ist, die er verarbeiten und sich zu Eigen machen muss. Es ist die Zeit, in der er spielerische Erziehungsmaßnahmen optimal aufnimmt. In dieser Phase Gelerntes prägt seinen Charakter für sein gesamtes weiteres Leben. Deshalb ist es so wichtig, dass er in dieser Zeit täglich neue Erfah-

rungen macht und möglichst alle Dinge kennen lernt, die vielleicht später Teil seines Alltages sein können (von „A" wie Begegnungen mit anderen Hunden bis „U" wie U-Bahn).

Einmal „ja" ist immer „ja"

Wichtigster Bestandteil der Erziehung ist Konsequenz. Der Hund ist zu logischem Denken oder selbstständigen Überlegungen nicht oder nur sehr begrenzt befähigt. Entsprechend seinen gemachten Erfahrungen teilt er sein Handeln in Dürfen und Nichtdürfen ein, und diese Einteilung kann natürlich nur aufgrund der Reaktion des Besitzers auf seine Aktivitäten erfolgen. Daher ist es wichtig, dass Verbotenes immer (sofort und auf der Stelle) gerügt und richtig Gemachtes immer gelobt wird, damit er weiß, wie er sich verhalten soll. Dies gilt ganz besonders gegenüber Welpen. Ausgewachsene, voll integrierte Hunde können aufgrund ihrer Lebenserfahrung mit menschlicher Inkon-

Ein paar Schluck Wasser zwischendurch tun bei längeren Touren gut. Foto: Ulrike Schanz

sequenz etwas sicherer umgehen, Welpen können es nicht: Wer zum Beispiel dem schmelzenden Bettelblick eines Cavalierwelpen auch nur ab und zu nachgibt und ihm einen Happen zusteckt, erzieht ihn damit systematisch zum hartnäckigen Bettler.

Mit etwa vier bis fünf Monaten beginnt der Zahnwechsel. Die kleinen, spitzen Milchzähnchen fallen aus und werden nach und nach durch die kräftigeren bleibenden Zähne ersetzt. Der Cavalier durchläuft den Zahnwechsel in der Regel problemlos, unterstützend kann man dem Hund vermehrt Kauartikel anbieten. Es kommt nur sehr selten vor, dass Milchzähne nicht ausfallen und vom Tierarzt gezogen werden müssen.

Die Pubertät dauert nur ein paar Flegelwochen

Bei Rüden setzt ab etwa sechs Monaten die Pubertät ein, Sie erkennen es daran, dass der Kleine versucht, beim Urinieren das Beinchen zu heben, und er ist auch in diesem Alter schon durchaus in der Lage, eine läufige Hündin zu erkennen. Hündinnen kommen etwas später in die Pubertät, im Durchschnitt mit acht bis 14 Monaten, äußerlich erkennbar durch die erste Läufigkeit.

Die Dauer der Läufigkeit beträgt etwa drei Wochen, die Deckbereitschaft liegt beim achten bis 18. Tag. Hier gibt es ebenso individuelle Unterschiede wie hinsichtlich des Zyklus, grob gerechnet wird eine Hündin zweimal im Jahr läufig, und zwar bis an ihr Lebensende.

Das Größenwachstum ist in der Regel nach etwa zwölf Monaten abgeschlossen. Wachstum verläuft beim Cavalier nicht immer gleich-

Ein Sicherheitsbügel über dem Fahrradkorb ist nicht nur in der Pubertät zu empfehlen. Foto: Ulrike Schanz

mäßig, sondern oft in so genannten Schüben, und manchmal sehen die Youngster alles andere als harmonisch und hübsch aus.

Die Wesensentwicklung weist auch deutliche Phasen auf, insbesondere die „Pubertätlinge" machen widerspenstige Krisen durch, in denen sie anscheinend allen gelernten Gehorsam vergessen, neue Grenzen austesten und durchsetzen wollen. Liebevoll konsequente Behandlung durch den Besitzer erleichtert die Bewältigung dieser Flegelwochen.

Gefüttert wird beim Welpen (bis zum Zahnwechsel) drei- bis viermal täglich, beim Junghund (bis etwa ein Jahr) drei- bis zweimal täglich. Danach wird nur noch einmal täglich Futter gereicht, zusätzlich zwischendurch Belohnungshäppchen für besondere Leistungen.

besten nach der zweiten Hitze kastrieren oder sterilisieren lassen. Es handelt sich hier um einen einmaligen operativen Eingriff, der zweifelsohne den scheinbar harmloseren Hormongaben, die exakt alle sechs Monate wiederholt werden müssen, vorzuziehen ist. Die diesbezüglichen Erfahrungsberichte sind durchweg positiv, Wesensveränderungen bei der Hündin sind nicht zu erwarten, auch keine Inkontinenz, einzige Veränderung ist eine vermehrte Ausbildung von Unterwolle und etwas längerem Deckhaar und das läufigkeitsbedingte Abhaaren entfällt. Dadurch wird zwar der Pflegeaufwand deutlich erhöht, durch gründliches Auskämmen der Unterwolle kann man dies jedoch etwas relativieren.

Erst im Erwachsenenfell ist das Schwarz des Black and Tan wirklich glänzend lackschwarz. Foto: Aurahs

Wenn eine Kastration erwogen wird, sollte der Hund mindestens 18 Monate alt sein. Foto: INFOHUND Eva-Maria Krämer

Vollendete Schönheit erst mit drei

Im zweiten Lebensjahr finden noch deutlich wahrnehmbare Reifeentwicklungen statt, die sich insbesondere in Zunahme von Knochen- und Körpersubstanz äußern. Nun entwickelt sich der Cavalier zunehmend in Richtung Harmonie und fertiger Schönheit, insbesondere wenn die Ausbildung des Erwachsenenhaarkleides fortschreitet, die jedoch erst mit etwa drei Jahren abgeschlossen ist. Da Hündinnen etwa vier Wochen vor jeder Hitze stark abhaaren, kann bei ihnen der Abschluss der Fellentwicklung länger dauern. Wer bei seiner Hündin Läufigkeiten vermeiden möchte, kann sie am

Bei triebstarken Rüden kann ebenfalls eine Kastration angezeigt sein. Hier ist der Eingriff wesentlich harmloser und nach zwei Tagen bereits vergessen, er darf aber niemals vor Erreichen der vollständigen Geschlechtsreife, also erst mit 18 Monaten vorgenommen werden, sonst ergeben sich „eunuchenhafte" Veränderungen.

Ist der Cavalier zwei bis drei Jahre alt, erfährt er für die nächsten Jahre keine große Veränderungen mehr. Lernfähig bleibt er bis ins hohe Alter, da sind nach oben keine Grenzen gesetzt, aber er hat sich voll ins Familienleben integriert, ist gut erzogen und charakterlich und körperlich voll entwickelt. Haben Sie darauf geachtet (und werden dies auch zukünftig tun),

dass er im Rahmen eines normalen Gewichtes bleibt, dann darf man hoffen, dass sich Tierarztbesuche auf die jährlichen Check-ups anlässlich der Wiederholungsimpfungen beschränken.

Auch aus zweiter Hand eine gute Wahl

Da nicht jeder seinen Cavalier vom Welpenalter an hat und aus eigener Überzeugung oder aufgrund gewisser Umstände gleich einen erwachsenen Hund übernimmt, sei für diese Halter Folgendes gesagt: Man sollte sich das zukünftige Familienmitglied vorher genau anschauen. Überlegen Sie, ob Sie den Hund so, wie er sich verhält oder zeigt, akzeptieren können. Auch wenn er in gewissem Rahmen durchaus immer noch formbar ist, kann ein in sich gefestigter erwachsener Hund leicht Gewohnheiten oder Eigenarten besitzen, die Sie ihm nicht mehr abgewöhnen können. Hier kann vom neuen Besitzer durchaus Kompromissbereitschaft gefordert sein. Wenn Sie Zweifel haben, dann verzichten Sie besser auf eine Übernahme, denn Sie tun dem Tier nichts Gutes, wenn Sie es nach einigen „Probewochen" wieder aufgeben. Mit jedem Besitzwechsel schwindet das Vertrauen eines Hundes in den Menschen.

Verhaltensgestörte oder gar misshandelte Hunde gehören entweder in erfahrene Hände oder zu Menschen, die die Möglichkeit haben, sich so einem Tier über einen längeren Zeitraum voll zu widmen. Das geht nicht so nebenher bei Großfamilie oder Teilberufstätigkeit. Auch wenn die Mitleidsstimme noch so laut

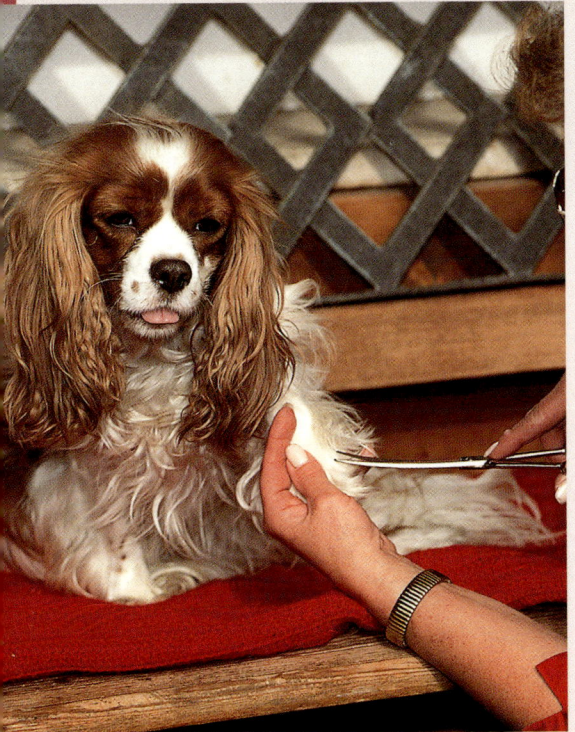

Etwa alle drei Wochen sollten Sie beim erwachsenen Hund die Haare zwischen den Pfotenballen zurückschneiden, bei Schnee ist das ganz besonders wichtig. Foto: Ulrike Schanz

sich. Ein Hund steht nicht morgens auf und ist alt. Es ist ein langsamer, fast unmerklicher Prozess, der dorthin führt und in den Besitzer und Hund langsam miteinander hineinwachsen. Wer sein Tier über viele Jahre besessen und geliebt hat, der weiß auch ohne Anleitung, wann alles nicht mehr so schnell geht wie früher. Wie beim Menschen ist das Altern genetisch vorgegeben, zumindest im groben Rahmen. Es gibt Linien, die altern früher, anderen sieht man ihre zwölf Jahre überhaupt nicht an. Es steht aber genauso fest, dass das Umfeld einen erheblichen Einfluss darauf hat: Körperliche und nicht zu vergessen geistige Fitness haben da ein gewaltiges Wörtchen mitzureden. Also auch hier kann der Besitzer durch hinlänglich bekannte ausgewo-

Ein erwachsener Hund hat vielleicht ein paar Eigenheiten, aber er lernt immer noch um und passt sich neuen Menschen an. Foto: Ulrike Schanz

Gerade bei älteren Hunden sollte das Gebiss regelmäßig auf Zahnstein und andere Probleme kontrolliert werden. Foto: Ulrike Schanz

ruft, überhören Sie sie, wenn Sie nicht wirklich die Voraussetzungen für so ein Tier mitbringen.

Generell kann man jedoch sagen, dass sich auch erwachsen übernommene Cavaliere mit etwas Geduld und Toleranz hervorragend integrieren lassen und ihren Besitzern dieselbe Freude bereiten wie selbst herangezogene.

Fit bis ins hohe Alter

Ab einem Alter von etwa acht bis neun Jahren geht der Cavalier langsam, aber sicher in seine Seniorenphase über. Ich halte nicht viel von den „Bedienungsanleitungen für Oldies" in manchen Büchern, denn eigentlich erübrigen sie

Auch wenn ihr „Alter" nach wie vor wild auf Wasser ist, föhnen Sie ihn zu Hause trocken. Foto: Aurahs

gene Ernährung, das Einhalten des Normalgewichtes, Bewegung und Beschäftigung beitragen.

In mancherlei Beziehung ist der alte Hund wie ein Welpe oder Junghund zu behandeln. Körperliche Überanstrengung ist zu vermeiden. Anstelle eines langen Spazierganges sind drei kleinere angezeigt. Häufig bedarf es (besonders bei schlechtem Wetter) recht eindringlicher Aufforderung dazu, denn zwischen den warmen Kissen lebt es sich für einen alten Hund natürlich bequemer. Bei Nässe sollte man öfter zum Föhn greifen, denn das Immunsystem arbeitet nicht mehr so zuverlässig und eine einmal eingefangene Erkältung kann dann sehr hartnäckig werden. Meist ist es für die Verdauung auch besser, wenn das Futter in kleineren Portionen über den Tag verteilt gereicht wird, was dann allerdings auch bewirken kann, dass der Hund öfters raus muss, zumal die Rückhaltefähigkeit naturgemäß nachlässt. Man sollte verstärkt auf das Gebiss achten, eitrige Zähne können Entzündungsherde im Körper und Organschäden bewirken. Grauer Star ist bei der Rasse nicht verbreitet. Ich weiß nur von zwei im Alter blind gewordenen Cavalieren, beim einen allerdings im Zusammenhang mit Diabetes. In sehr hohem Alter treten manchmal Nierenprobleme auf.

Eigentlich bleiben Cavaliere bis ins hohe Alter vital, und es gibt sie wirklich, die 15-jährigen Cavaliere.

Wenn er eines Tages über den Regenbogen geht, bleibt eine Lücke im Leben, die nur ein neuer Cavalier schließen kann. Foto: Ulrike Schanz

Der letzte Gang

Wir wissen ja alle, dass in aussichtslosen Fällen das Hinauszögern des Sterbens nicht im Sinne des geliebten Tieres ist, sondern der (feige) Egoismus des Besitzers, den Augenblick des Abschiednehmens noch hinauszuschieben. Nur wenige Menschen haben die Stärke, ihrem Begleiter den letzten Dienst rechtzeitig zu erweisen. Meist wird hemmungslos zu Ende therapiert. Nicht immer kann man dem Besitzer die alleinige Schuld dafür geben, und so wünsche ich für die Zukunft nicht den Besitzern, sondern allen betroffenen Tieren einen verantwortungsbewussten Tierarzt, der sie nicht aussichtslos leiden lässt.

Kontaktadressen

Deutschland

Verband Deutscher
Kleinhundezüchter e. V. (VDH)
Geschäftsstelle:
Karin Voye, Deichstraße 35, 27804 Berne,
Tel.: 04406 6847, Fax: 04406 6203
Welpenvermittlung:
Erika Fassott, Tel./Fax: 034297 42630
Internet: www.kleinhunde.de

Internationaler Club für Cavalier
King Charles Spaniel e. V. (VDH)
Ute Mühlnickel, Tel.: 06034 7881

Cavalier King Charles Spaniel Club
Elke Bichtler, Tel./Fax: 034298 34987

Schweiz

Schweizerischer Zwerghundeclub
Elsbeth Clerc, Im Gätterli 6, CH-4632 Trimbach,
Tel.: 0041 622 930767,
Fax: 0041 622 930768

Österreich

Österreichischer Zwerghundeklub
Helmut Nigl, Himelhofgasse 5/5, A-1130 Wien,
Tel./Fax: 0043 1 8882909